Les *vrais* secrets du leadership

Illustrations : © Trueffelpix –fotolia.com

InterEditions est une marque de
Dunod Editeur, 5 rue Laromiguière, 75005 Paris

ISBN 978-2-7296-1437-9

Les *vrais* secrets du leadership

(Que vous ne trouverez dans aucun livre de management)

Philippe Bazin

InterEditions

CE PETIT LIVRE S'ADRESSE au professionnel qui évolue dans un environnement de plus en plus complexe sans règles du jeu apparentes. C'est quand les bases disparaissent que l'on a le plus besoin de points de repères ; j'ai voulu livrer dans cet ouvrage des principes simples et puissants, fondés sur mon observation tant des pièges que des révélations personnelles des professionnels que j'accompagne depuis bientôt 20 ans.

Tout principe est bien entendu contestable, et chacun pourra aisément identifier nombre de situations particulières dans lesquels ceux présentés ici ne seraient pas adaptés.

Paul Valéry déclarait que ce qui est simple est mensonger, et que ce qui ne l'est pas est inutilisable. Les rayons des aéroports et des gares croulent sous les publications théoriques sur le management ; j'espère qu'au milieu de cette jungle ces « secrets », ces *working rules*, constitueront un « mensonge utile » qui aura à minima pour vertu d'insuffler plus d'air à votre vie professionnelle. De respirer plus large.

Dans l'idéal, il vous permettra de vous interroger sur vos pratiques et de constituer une base de travail suffisamment solide pour développer votre propre patte et clarifier vos principes personnels.

Pour finir, j'ajouterais un premier principe qui concerne le mode de lecture et d'utilisation de ce livre : « fais confiance à ton intuition ».

Et si se faire confiance, se reconnecter à soi-même, représentaient pour chacun d'entre nous le point de départ de la reconquête de l'espace professionnel et le début d'une nouvelle aventure ?

LES VRAIS SECRETS DU LEADERSHIP

Autorise-toi d'être moyen

Personne n'est talentueux tout le temps. Si tu as pu t'imaginer dans le passé, ou si l'on t'a fait croire que tu dois toujours apporter la réponse décisive, l'insight fulgurant, l'aide déterminante aux personnes et aux situations, alors tu connais probablement souvent la frustration et l'impuissance.
Les grands champions savent que les moments d'inspiration alternent nécessairement avec les phases basses. Ils ont appris à « bien mal jouer », c'est-à-dire à revenir sur la technique de base de leur discipline, sur leur fond de jeu. Ils se concentrent sur le moment présent, le respect de la belle technique. Dans cet espace, ils ne gagnent pas le match mais apprennent à ne pas le perdre. Et le mystère est là : l'excellence personnelle repose aussi dans le fond de jeu et dans la capacité à être moyen, en attendant que le talent se présente à la porte.
Dans ta discipline, quel est ton fond de jeu ?

LES VRAIS SECRETS DU LEADERSHIP

Ose des questions stupides

Les mots et les idées revêtent une signification différente pour chacun. Nous vivons bien souvent dans un immense malentendu.
Si l'on prête attention non pas seulement à ce qui est dit, mais aussi aux processus qui se déroulent dans l'esprit de son interlocuteur, on perçoit aisément que chacun vit dans son monde, et non dans un monde partagé.
Quand tout le monde croit avoir compris, ose ne pas comprendre. Quand la chose est entendue, refuse-la comme telle. Quand l'accord est trouvé, creuse un peu plus le sujet.
Les questions supplémentaires que tu poseras ouvriront une nouvelle dimension de conscience et favoriseront l'émergence d'une intelligence collective.

Sois différent, mais pas trop

La singularité suscite l'attention, mais elle risque d'effrayer ton interlocuteur. C'est un art subtil que d'utiliser sa différence dans un contexte professionnel. Une piste utile pour y parvenir dans le contexte actuel : plus ton profil, ton parcours et ton expérience sont rassurants, plus tu peux afficher tes marginalités ou tes petites bizarreries.

LES VRAIS SECRETS DU LEADERSHIP

Rêve avec eux

Rien n'est plus fort qu'un rêve partagé par une masse critique d'humains. Tu dois être capable de t'autoriser à lâcher la terre ferme, à te construire un rêve, tout en restant connecté à l'autre. Alors quelque chose de nouveau arrive, se présente, qui peut être accueilli. Il ne vient ni de toi, ni de l'autre, ni du groupe, mais du lien entre vous.
Ce quelque chose de nouveau doit juste être vu. Il est là, et peut parfois renverser les montagnes.
Sois patient, rêve, travaille et reste connecté.

LES VRAIS SECRETS DU LEADERSHIP

Plus sûr est ton chemin, plus proche sera ta fin

La vie se joue des balises, des bornes et des digues. Le grand rire cosmique éclate à la face des planificateurs, des gestionnaires, des stratèges et des économes.
Ils sont indispensables à l'organisation du vivant. Tu dois les accepter, négocier avec eux, accepter souvent leurs contraintes. Rien ne se construit sans eux, sans eux rien d'humain ne se développe ni ne prospère.
Mais quand ils prennent le contrôle de ta vie, de tes rêves ou de ton organisation, sache qu'il est temps de planter ta tente un peu plus loin.
Ils sont la mort.

Donne le maximum de ce que l'autre peut entendre

Parce que tu t'ouvres et que tu sens une vérité en toi, tu vas parfois trop loin dans la volonté de convaincre. Alors tu dépasses le seuil de ce que l'autre peut entendre, et tu déclenches malgré toi une réaction de survie.
Tu dois apprendre à t'arrêter, à sentir que l'autre se ferme, à faire marche arrière.
Il faut savoir compromettre, remettre à plus tard. Tu dois apprendre à gérer tes frustrations, tu dois apprendre à ressentir ce qui se passe en l'autre : ce n'est pas parce que tu as raison que tu as raison.

LES VRAIS SECRETS DU LEADERSHIP

Choisis ton attitude,
joue, illumine leur journée,
sois présent

LES VRAIS SECRETS DU LEADERSHIP

Ne renifle pas les charognes

Il arrive que tu remarques une charogne sur le bord du chemin : un défaut, une faiblesse de raisonnement, une compromission, une faille dans une belle construction. Agis en conscience, trouve le meilleur chemin, mais ne t'attarde pas, ne laisse pas une pensée en ce lieu.
Quand la mauvaise odeur est passée dans le nez, tout pue.

SUCCESS

Apprends à nager dans le courant

Tu as beaucoup à apprendre de la nage dans l'eau vive. Tu coules si tu veux aller contre le courant, tu coules si tu laisses les choses se faire.
Le plus important est de savoir se battre... en se laissant aller dans le sens de la rivière.
Cela ne peut s'apprendre que physiquement.

LES VRAIS SECRETS DU LEADERSHIP

Connecte les différentes parties de toi-même

Notre psyché est composée de parties de nous-même : chacune possède sa logique, ses valeurs, ses objectifs et sa personnalité.
Chez certains, ces parties sont en conflit ouvert : elles sont engagées dans une guerre interne permanente. Pour d'autres, ces parties s'ignorent et alternent aux commandes de la conscience.
Mieux les parties de toi sauront communiquer entre elles et s'entendre sur un but commun, plus ensemble elles vont libérer d'énergie vitale. C'est la congruence : une grande partie de ton leadership personnel réside ici.

LES VRAIS SECRETS DU LEADERSHIP

Manie avec justesse le « vous êtes unique » et le « vous êtes comme les autres »

Il est souvent possible de réduire le besoin psychologique de ton interlocuteur à deux catégories : le besoin de reconnaissance et le besoin de sécurité. Le besoin de reconnaissance exprime l'attente première d'être compris, d'être vu et entendu en tant que personne unique dans une situation particulière ; le besoin de sécurité, la nécessité d'être rassuré par ton expérience dans le contexte particulier de son questionnement du moment. L'expression de ces deux besoins peut être extrêmement proche, mais leur réponse sera radicalement opposée : de nature « j'en vois tous les jours des comme toi » pour la première et « c'est la première fois que je suis confronté à cela » pour la seconde.

N'oublie-pas d'emmener ton corps avec toi

Il est certaines idées qu'on ne peut comprendre que dans le corps. Ton cerveau est bien fait, mais tu perds de ton intelligence si tu oublies ton corps. Il y a des sujets qui se marchent, d'autres qui se courent, d'autres qui se jouent au tennis…

Trouve le moyen d'emporter au moins une forme de connexion à ton corps dans ton excellence professionnelle : un geste, une énergie, une sensation.

LES VRAIS SECRETS DU LEADERSHIP

Considère l'intelligence comme un talent parmi d'autres

Il y a de multiples formes de connaissance de son environnement. Il en existe de nombreuses que tu ne peux même pas concevoir : ce sont les plus dangereuses pour toi.
Ne sous-estime pas l'intelligence des gens simples.

LES VRAIS SECRETS DU LEADERSHIP

Sache sur quoi tu es excellent

La plupart des gens ne peuvent dire ce sur quoi ils sont excellents. La plupart des gens n'ont probablement jamais osé affronter la question, osé envisager être un être unique et lumineux.

Si tu parviens à le faire, alors tu pourras vraiment savoir qui tu es, mais pour cela tu ouvriras aussi la porte à son envers : tes limites, tes faiblesses, ta zone d'ombre et de médiocrité. Accueillir l'une, c'est aussi rencontrer l'autre. Si tu connais l'une sans connaître l'autre, tu ne fais que te nourrir de mensonge. Comme tu ne peux non plus parler de l'une sans parler de l'autre, tu avais sans doute choisi, jusqu'ici, de les éviter toutes les deux.

WHO?
WHERE?
WHAT?
WHEN?
HOW?
WHY?

La vie réside dans les failles du modèle

Tu ne peux pas vivre sans modèles : sans eux l'univers est inconnaissable.
Il faut simplifier et organiser les choses pour pouvoir les saisir.
Mais ne crains pas les exceptions, les contradictions, les incohérences, les erreurs ni les paradoxes. N'aie crainte de la vie qui pointe son nez dans les failles du système. Vois-la, regarde-la, respecte-la, même si elle pose un problème à tes simplifications du monde : elle t'aidera alors à passer à l'étape suivante de ton évolution.

LES VRAIS SECRETS DU LEADERSHIP

C'est un type qui a cherché
toute sa vie la femme idéale.
Et puis un jour il la trouva,
mais malheureusement
elle cherchait l'homme idéal...

LES VRAIS SECRETS DU LEADERSHIP

Vois les gens dans leur potentiel

Trop souvent tu ne prêtes pas d'attention à ce que tu décides de voir chez les gens. Par ton absence, tu laisses la main à tes vieux conditionnements.
Sache que ton regard est aussi créateur que tes actes. Ton regard est en fait un de tes actes de création les plus puissants.
Pense également que l'autre aussi te voit autant que tu le vois, te crée autant que tu le crées. Si tu ne vois pas le meilleur de lui, que va-t-il voir en toi ?

La technologie est à ton service

Rien ne change au-dessous de la surface des choses : la technologie est neutre. Certains croient le contraire qui deviennent le serviteur de leur smartphone. Fais de la technologie ton serviteur : décide de l'heure à laquelle tu regarderas tes mails, décide de l'information dont tu ne prendras pas connaissance, décide de faire confiance à ton répondeur et de ne pas prendre cet appel.
La reconquête de ton humanité commence ici, exactement.

LES VRAIS SECRETS DU LEADERSHIP

Dis les choses

Tout le monde le sent mais personne ne le nomme, et un jour cela casse ou cela explose.
Dis ce qui est présent, sans jamais confondre les faits et ton interprétation.
Dis juste les faits, dis juste ce que tu ressens, et respecte que ton interlocuteur ait à faire son propre chemin.

Accepte que la magie vienne quand elle veut

Tu te prépares avant d'agir : tu es professionnel, rigoureux, ponctuel, systématique. Tu anticipes l'action, tu enrichis continuellement ta compétence, la qualité de ta relation avec ton environnement.

Tout cela est important, mais ce n'est qu'enfantillage quand la magie se produit. Elle vient quand elle veut, et tu dois avant tout apprendre la patience

L'objectif relève de la pensée magique

Certains, pourtant parmi les plus logiques, calculent, pèsent et mesurent, puis investissent une grande énergie dans la détermination d'objectifs. Ils s'imaginent ainsi détenir une sorte de pouvoir spécial sur le cours des choses. Et le plus étonnant est que cela fonctionne souvent !
Il y a un truc mystérieux dans ce processus.
Joue avec eux, fais semblant d'y croire, c'est important pour eux, c'est important pour toi. Mais ne sois pas dupe : la création n'est en aucun cas à cet endroit.
Elle ne se cache pas loin…

LES VRAIS SECRETS DU LEADERSHIP

Fais juste semblant d'être qui tu veux être

Imite ce que tu veux être jusque dans les moindres détails. Et sois cela !

LES VRAIS SECRETS DU LEADERSHIP

Apporte de l'énergie au système

La personne ou le groupe avec lequel tu as interagi ont-ils plus d'énergie avant ou après toi ? Quel type d'énergie apportes-tu quand tu entres en scène ? Quelle énergie reste-t-elle quand tu n'y es plus ? Là est la seule question.

Le temps n'est que la conséquence de toutes les autres choses

Ceux qui n'osent pas voir les choses cherchent souvent à mieux gérer leur temps. Tu peux t'améliorer sur ce sujet, ton équipe et ton organisation peuvent le faire, mais la cause principale de ta question initiale est rarement là.

LES VRAIS SECRETS DU LEADERSHIP

Si tu es épuisé à la fin de ta journée de travail, c'est que tu as travaillé à partir du faux toi

Quelle est la nature de ta fatigue à la fin de ta journée ? Est-ce celle lourde, physique et mentale du travailleur, ou l'épuisement nerveux de celui qui croit qu'il est le centre de toutes les choses ? Dors-tu bien ?

Il y a une énergie qui coule à travers toi et qui n'est pas toi. Cette énergie sait ce qu'elle doit réaliser et où elle doit aller. Elle est ton cerveau et ta force. Travaille dur à trouver le point en toi d'où elle circule librement.

Tu la trouveras par ton travail, ton intelligence et ta méthode, mais elle n'est pas cela.

LES VRAIS SECRETS DU LEADERSHIP

Cherche où personne n'a cherché

Si tu cherches où tous les autres ont cherché, que pourras-tu apporter à la question ? Trouve ce qui est commun à tous ceux qui ont échoué, regarde où personne ne regarde, connecte ce que personne ne relie. Cela ouvre l'espace.

Ose être celui qui ne sait pas

Alors qu'ils se battent pour savoir lequel d'entre eux sait le plus, ose douter et ignorer. Quand l'autre attend que tu saches, sache ignorer ; quand l'autre attend que tu ignores, sache savoir. Une grande part de la richesse de ton interaction avec l'autre réside dans ce que tu décides de savoir ou de ne pas savoir. Que tu le veuilles ou non, c'est toi qui fixes les règles.
C'est quand tu ignores que l'autre croît. Il faut savoir arrêter ta machine à savoir.

LES VRAIS SECRETS DU LEADERSHIP

Ralentis et accélère

Peu de gens ont conscience que le monde professionnel est composé de moments dont les rythmes sont fondamentalement différents. Chaque activité, chaque personne possède son rythme, sa tonalité et sa couleur. La plupart des gens sont en permanence dans un faux rythme car ils se laissent polluer par la tâche passée et par la suivante.

Tu dois pouvoir sauter d'un rythme à l'autre à volonté, sur un claquement de doigts. Tu es le maître du temps : entraîne-toi à cela.

Dis « je comprends »

Dis-le souvent, parfois ne dis que cela. Du fond de ton cœur, et tu pourras changer les cœurs. Tant de gens intelligents ne peuvent simplement pas comprendre cela.

Si tu veux aller vite, vas-y seul,
si tu veux aller loin, vas-y à plusieurs.

Proverbe africain

LES VRAIS SECRETS DU LEADERSHIP

Eteins ton mobile

Tu n'as pas à être disponible en permanence. Qui t'a fait croire cela ? D'où vient la voix qui te souffle à l'instant « ce n'est pas vrai » et « et si ? » ? Sors absolument de ce piège.
Tu ne peux être vraiment présent que si tu sais être absent. Tu n'es rien si l'on ne peut pas faire sans toi.

LES VRAIS SECRETS DU LEADERSHIP

Ton temps ne se mesure pas

La mesure du temps est une convention sociale importante pour faire du commerce ou se rencontrer. Respecte ce code : sois ponctuel, donne-toi un temps défini pour accomplir une tâche, organise au mieux ton travail, tes moments de rencontre et la visibilité de ton temps pour les autres. Mais ne crois pas au fond de toi que ton temps puisse se mesurer. Tu vaux beaucoup plus que cela. Il est possible de créer quelque chose de déterminant en un instant, comme il faut parfois un long temps pour réaliser une avancée minime.

Ménage-toi des moments lents

La création mobilise des processus inconscients très profonds. L'idée lumineuse n'en est que la face visible et, pour l'avoir oublié, de nombreuses entreprises sont devenues malgré elles des machines à tuer toute innovation.
La lenteur est l'énergie du processus créatif. C'est dans la lenteur, la non-productivité, que surgit l'inspiration. Il est vital de se ménager des moments de slow working, seul, en binôme et en groupe, déconnecté du monde.
Sache sortir de la productivité si tu veux être productif.

LES VRAIS SECRETS DU LEADERSHIP

Il y a une frontière entre le bien et le mal

Tout bouge, tout change, tout se transforme, rien n'est écrit ni prévisible. Tu es prêt à tout remettre en cause des traditions des anciens et de l'ordre établi pour explorer de nouveaux mondes ou réinventer le tien.

A intervalles réguliers, tu seras confronté à un choix qui pourra t'emmener au-delà de la limite où le mal commence. Gare à toi si tu passes ce seuil, gare à toi si tu ne vois pas que souvent tu l'as frôlé.

Examine de temps en temps tes choix sous le regard de ta conscience.

LES VRAIS SECRETS DU LEADERSHIP

Quand tu commences à compter, le robinet se ferme

Crois en toi, crois en cette force qui coule en toi, mais ne te laisse jamais aller à croire qu'elle est toi ni qu'elle peut être retenue.
Ne confonds jamais compter et créer. Ne garde rien dans ta main, sois généreux : le robinet coulera aussi demain.
La vie ne se compte pas.

Il peut se passer des choses fondamentales dans une réunion sans intérêt

Les chemins de l'intelligence collective sont lents et tortueux. Parfois des choses majeures se jouent, alors que ta raison et ton expérience te murmurent que tu perds ton temps. Ne te crispe pas sur cette lenteur, mais reste vigilant à ce qui cherche à émerger du chaos. Sens-le, vois-le, entends-le lorsqu'il apparaît.

LES VRAIS SECRETS DU LEADERSHIP

Donne des clés aux gens et ne te préoccupe pas qu'ils veuillent ouvrir la porte

Ne renonce pas à donner des clés. Il te faut souvent savoir te contenter que des gens regardent cette clé dans leur main, l'air un peu hébété, mais ne cherchent pas à ouvrir la porte. C'est difficile pour toi, mais chaque chose arrive en son temps. La vitesse de la lumière est parfois lente dans cet univers.

LES VRAIS SECRETS DU LEADERSHIP

Tu es connecté

Tu fais partie de la solution, tu fais partie du problème, tu es connecté à tout ce à quoi tu peux penser. Agis en conscience et travaille de ce point : ton action sera juste et les résultats rapides.

Tu perds ton pouvoir au moment exact où tu te sens séparé ou supérieur de la personne ou du groupe humain de ton champ d'action. L'être humain est fait comme cela : une partie importante de ton intelligence réside dans la qualité de ta connexion aux autres, réside dans le cerveau de l'autre.

Les dirigeants déconnectés font des erreurs stupides. Ils ne voient pas des choses majeures que tous les autres voient.

Tu ne peux entrevoir qu'une infime partie des chemins possibles

Il faut prévoir, anticiper, budgéter, faire des choix. Il faut élaborer des solutions de rechange, des options, des scenarii, des plans d'action, des attaques et des contre-attaques.
Mais jamais rien ne se passe comme prévu. Ça ne marchera pas si tu n'anticipes pas le chemin, ça ne marchera pas si tu ne restes pas ouvert à l'imprévu.
« La préparation n'est qu'un rituel pour que la magie apparaisse. »

LES VRAIS SECRETS DU LEADERSHIP

Intéresse-toi d'abord à ce qui fonctionne

Le reste n'est que mots…

L'autre n'est pas un problème à résoudre

Tu as mis des années à te bâtir une compétence. Tu renifles le problème, la faille, l'erreur plus vite, de manière plus pointue que tous les autres. Ton doigt est le meilleur « sent la merde » de tout le quartier.
Il est important que tu saches contrôler ce talent, et ne pas l'appliquer dans ta relation à l'autre. Il est ta force, mais il rend seul, il rend stupide quand il est laissé à lui-même.
Avec les gens, il te faudra trouver autre chose.

Ton attention complète transforme les situations et les gens

C'est l'œil du réalisateur qui fait le film. La seule présence attentive, calme et tranquille, d'un être qui possède le talent du leadership, influence plus que beaucoup de paroles.
Pour cela, il te faut accepter que tu sois beaucoup plus que ce que tu crois être. Sois là, sois présent, sois calme, ouvert et centré. Laisse le temps aux choses d'apparaître. Et vois-les.

LES VRAIS SECRETS DU LEADERSHIP

Fais ce qui ce qui est facile et te donne du plaisir

On t'a faire croire que seule la douleur avait de la valeur. Que les choses ne valent rien quand elles coulent d'elles-mêmes, qu'on doit sentir la sueur dans ton travail. Que quand tu es épuisé tu mérites de prendre des vacances, mais qu'avant tu dois en baver.
Et si tout cela était en grande partie faux ? Et si par la sueur tu ne pouvais t'élever à grande peine un peu au-dessus du seuil de la médiocrité ?
Qu'est-ce qui te donne du plaisir ? Qu'est-ce qui est facile pour toi et difficile pour les autres ? Sur quoi obtiens-tu des résultats rapides et remarquables, dans la joie et le plaisir ? Là est ton trésor.

LES VRAIS SECRETS DU LEADERSHIP

L'attitude positive n'est pas qu'un truc d'Américains

Sache voir le positif, entendre le positif, penser le positif. Quand tous regardent l'obstacle et ralentissent, accélère et regarde ton but. Quand tous cherchent les causes de l'échec, exerce ton intelligence sur ce qui a fonctionné mieux que prévu.
Sache être gai, sache être souriant, sache être une lumière pour les autres. Etre un triste sire est naturel, être un réservoir d'énergie positive est une décision.

Quand tu es sur le chemin juste, des choses commencent à se produire

Parfois les choses stagnent. Tu doutes de ta direction, de ton plan, des personnes qui t'entourent. Tu évolues dans une sorte de pesanteur, les choses sont lentes, tout demande un effort.
Parfois les choses sont légères. Tu sens que tu es à ta place, entouré des bonnes personnes, au bon moment, sur le bon sujet.
Cherche seulement ce moment, et quand il surgit sois présent et profite et de ce qui va en apparaître.

LES VRAIS SECRETS DU LEADERSHIP

Il ne sert à rien de mordre le chien méchant

Le plus grand danger qui vient de ceux qui ne voient le monde que comme une guerre permanente est de te laisser entraîner dans leur vision du monde.
Si tu as peur, si tu fuis ou si tu attaques en retour, ils gagnent. Refuse simplement leur jeu, et essaye de les aider du mieux que tu peux.

LES VRAIS SECRETS DU LEADERSHIP

Sois conscient de l'image que tu projettes

Le danger est de se fixer sur une posture personnelle quand elle fonctionne à un instant donné. Sois lucide sur toi-même : il y a un temps pour tout, une posture pour chaque âge. Jeune con il y a cinq ans, vieux con dans cinq ans, aujourd'hui est juste le bon jour pour être qui tu es.

Le meilleur moment pour planter
un arbre est il y a vingt ans.
Le second meilleur moment
est maintenant

Proverbe chinois

LES VRAIS SECRETS DU LEADERSHIP

Autorise ton intelligence à prendre des raccourcis

L'intelligence rationnelle est trop lente et limitée pour saisir la complexité ou pour imaginer l'inconnu. Pour avancer, pour créer, elle a besoin d'apprendre à prendre des raccourcis.

Il y a des milliers de manières de trouver ces raccourcis. Ils sont intimes et particuliers, chaque grand professionnel possède les siens. Ils nécessitent tous d'accepter une forme de lâcher-prise provisoire de la rationalité.

Une fois que tu les auras trouvés pour toi-même, sache les utiliser en alternance avec ton mode de pensée logique et habituel.

LES VRAIS SECRETS DU LEADERSHIP

Le système a une forme de conscience

Un système est composé d'éléments interconnectés sous un dénominateur commun : une marque, une entreprise, une famille, une équipe.
Il possède une forme de conscience et une forme d'intelligence brutes, animales, différentes de celles des éléments qui le composent. Il est possible de se connecter directement à lui, de lui parler, de l'influencer. Suis ton intuition : les méthodes qui te sont les plus naturelles sont les plus efficaces, pour peu que tu oses dépasser tes barrières.

Demande au DAF son opinion sur la stratégie à adopter, et fais l'inverse

Une entreprise est souvent bien mal engagée si le DAF est l'initiateur de la stratégie. Quel que soit son niveau de compétence, cela signifie bien souvent… qu'il n'y a plus de stratégie. La nature même de la compétence et des responsabilités du DAF le met à l'opposé de la compréhension de ce qu'est une véritable stratégie.
Quand plus personne ne voit même cela, la situation est désespérée…

LES VRAIS SECRETS DU LEADERSHIP

Ta compétence représente ton plus grand danger

Le bon mécanicien entend des choses que personne d'autre n'entend dans un moteur. Il ne perçoit pas en revanche d'autres sons, qui sont au premier plan pour le commun.

Une compétence est un traitement particulier de l'information, que l'on met des années à automatiser. Quand on y est parvenu, cette compétence peut dominer notre esprit car elle s'ancre entre l'information et la conscience.

Et l'on peut se retrouver comme le type de Coluche qui cherchait son chemin dans Londres avec un plan de Paris : « ils ne font aucun effort pour le tourisme, il n'y a pas une rue qui correspond ». Cela arrive tout le temps aux meilleurs dans leur domaine.

LES VRAIS SECRETS DU LEADERSHIP

N'y vas pas si tu n'apportes rien de plus

Il y a parfois des situations, des questions ou des personnes à qui tu n'apportes rien, ou pas davantage qu'un autre. Il faut une grande force pour le dire ou pour l'accepter ; connais tes limites.
Les choses iraient-elles moins bien si tu n'étais pas là ?

Rapproche-toi des meilleurs

Les neurosciences et les découvertes récentes des neurones-miroir montrent qu'un apprentissage s'infuse en nous de mille manières subtiles. Regarder une action avec une attention entière nous transmet un peu de la compétence de celui qui l'exécute, que cette compétence soit positive ou négative.
Décide de mériter, décide d'avoir droit sur le plan de ta formation à la fréquentation de ce qui existe de mieux.

LES VRAIS SECRETS DU LEADERSHIP

Es-tu fier de cela ?

La fierté est peut-être le critère d'évaluation le plus simple et le plus percutant quand on analyse les différents éléments de sa vie.
Es-tu fier de ton entreprise ? De ton travail ? De ce que tu as réalisé aujourd'hui ?
Es-tu fier, ou serais-tu fier d'avoir cette personne pour collègue ? Es-tu fier de la personne qui partage ta vie, de tes enfants ?
De quoi es-tu le plus fier cette année ?

Déléguer, c'est écouter la deuxième meilleure idée

Des choses se passent quand tu es là, et des choses différentes se passent quand tu n'es pas là.
C'est ce qu'il y a de plus simple et de plus difficile au monde que d'accepter de n'être pas nécessaire sur un sujet. Et cela devient presque impossible quand on est très compétent sur celui-ci.
Cela n'est jamais naturel, cela ne peut être que délibéré. Beaucoup de choses de ta carrière dépendent de la manière dont tu prendras ta décision.

1.

Quelle nouvelle qualité dois-tu développer maintenant ?

Ne crois pas ceux qui te demandent d'être « moins quelque chose ». Ce quelque chose que tu es supposé retirer ou atténuer est une partie de toi, et chercher à devenir moins soi-même ne peut que mener à une impasse.
Tu peux en revanche devenir « plus autre chose ». Quelle qualité absolument nouvelle doit-elle émerger pour que ce nouveau toi apparaisse ?

LES VRAIS SECRETS DU LEADERSHIP

Tu n'as pas à trouver une réponse tout de suite

Ton cerveau travaille tout le temps, et beaucoup plus profondément quand tu n'es pas là. Prend le temps d'abord de bien poser la question, puis de t'y absorber complètement. Cela attire à toi des réponses bien supérieures. Cela prend aussi du temps, et nécessite une bonne résistance à la pression.

LES VRAIS SECRETS DU LEADERSHIP

Le talent commence par l'imitation

On reçoit les enseignements d'un maitre dans son art aux différentes phases de son développement. Selon les maîtres de Karaté, il y a trois étapes successives et obligatoires à l'apprentissage :
Shu est la première phase. L'imitation servile des gestes du maître. De nombreux brillants esprits n'ont pas l'humilité nécessaire pour l'accepter : tout leur être se cabre contre ce qui leur semble une forme de renoncement au fameux « soi-même ».
Ha, la deuxième : la liberté intérieure dans le modèle. C'est la phase d'intériorisation. L'on est à la fois dans le modèle et complètement libre, complètement soi. Cet état paradoxal est un mystère.
Enfin *Ri*, la troisième phase : le dépassement du modèle, la maîtrise, la liberté complète, la destruction du moule.

Avec qui as-tu envie de travailler ?

Tu penses souvent d'abord au quoi, au comment, au combien, au quand.
Tu relègues la question du qui vers la fin de ta liste.
Autorise cette dernière question à gagner quelques places dans ton classement, et laisse-toi surprendre par ce qui en sortira.

LES VRAIS SECRETS DU LEADERSHIP

Tu as gagné quand tu as rendu complémentaires deux choses incompatibles

Rendre complémentaires deux éléments opposés auparavant fait partie des très rares actes de création pure.
Ce n'est pas facile, car bien souvent l'on se refuse jusqu'au droit même de s'interroger sur le dépassement d'un antagonisme. Le point de départ de la démarche en est de lister ce que l'on considère comme « évidemment incompatible » dans un domaine donné. Une fois que la question est bien posée, la réponse va se présenter avec le temps.
Les créateurs comme Steve Jobs et Walt Disney fonctionnaient de cette manière, et refusaient jusqu'à l'obsession la tyrannie du « ou ».

LES VRAIS SECRETS DU LEADERSHIP

Qui devrais-tu devenir pour que cette question ne se pose plus ?

Les passages, les étapes les plus importantes de notre vie sont marquées non par un saut d'environnement ou de compétence mais par le franchissement d'un seuil identitaire.
Nous ne sommes pas passés autre part, nous ne faisons pas les choses différemment : nous sommes seulement devenus quelqu'un d'autre.
Qui est ce prochain « toi » qui cherche à apparaître ?

RELAX
STRESS

Les cons sont autonettoyants

L'auteur inconnu de cette sagesse à la Audiard se doutait-il qu'à des siècles de distance il faisait écho à Lao-Tseu quand il déclarait :
« Si quelqu'un t'a offensé, ne cherche pas à te venger. Assieds-toi au bord de la rivière et bientôt tu verras passer son cadavre. »

LES VRAIS SECRETS DU LEADERSHIP

La pire faute que tu puisses commettre est en regard de la culture

Geert Hofstede, un des plus grands experts de la culture, la définit comme « un ensemble de valeurs et de comportements conscients et inconscients qui unissent un groupe et le différentient d'un autre ». Comment savons-nous que nous faisons partie d'un groupe humain ? Parce que nous partageons des croyances et des comportements, très souvent de manière inconsciente. Celui qui viole ces codes est immédiatement éjecté du système.
Quand tu arrives dans un nouvel environnement, cherche d'abord à comprendre et à respecter les règles du jeu qui ne sont pas exprimées parce qu'elles ne sont pas conscientes : ce sont les plus importantes.

Qu'est-ce qui ne doit pas changer ?

Pose-toi d'abord cette question quand tu es chargé de mener à bien un changement. Si tu veux aller encore plus loin : assieds-toi autour d'une table avec les personnes les plus concernées par ce changement,
et posez-vous la ensemble.
Si tu veux améliorer une chose, connecte-toi à elle sur ce qui fonctionne.

Fais des erreurs

Bien des créateurs et des leaders ont une relation passionnée et très personnelle avec l'erreur. Sans elle, pas d'innovation. Non que l'erreur soit toujours à l'origine d'une nouveauté, mais un système qui n'accorde pas de place à l'erreur devient immanquablement une machine à tuer dans l'œuf toute innovation. Il est important de trouver une place à l'erreur quand elle a déserté une organisation bien huilée.

A titre d'anecdote, John Grinder, un célèbre formateur en développement personnel, demande à ses étudiants de commettre au moins une erreur dans l'utilisation des protocoles d'exercices qu'il leur propose.

LES VRAIS SECRETS DU LEADERSHIP

Augmente tes chances d'avoir de la chance

C'est l'un des enseignements que retire le Pr Richard Wiseman, qui a étudié les caractéristiques des individus chanceux.

Ceux-ci déterminent d'abord ce qu'ils souhaitent, comme un nouvel appartement dans un lieu rare ou un poste particulier, puis multiplient les contacts – réseaux sociaux, échanges individuels – susceptibles de leur apporter l'opportunité désirée : « tiens au fait je cherche… ».

Il faut jouer pour gagner.

Dis-leur les changements positifs que tu observes chez eux

Cela stabilise ces changements, cela les met dans la lumière de la conscience, cela les fait exister. Parle d'abord d'eux-mêmes aux gens.

VISION
IDEAS
PLANNING
GOALS
MOTIVATION
SUCCESS
STRATEGY

Efforce-toi de concentrer d'abord tes efforts sur le futur

La majorité des professionnels donnent des conseils sur le mode « ce que tu aurais dû faire… », et s'étonnent ensuite du manque de réceptivité de leur interlocuteur.
Ils ne se rendent pas compte qu'ils demandent en fait à celui-ci de modifier un évènement du passé, ce qui génère bien entendu de la résistance.
Un conseil se donne pour le futur : « fais plutôt cela la prochaine fois ».

LES VRAIS SECRETS DU LEADERSHIP

Fais juste de ton mieux

Beaucoup de très bons professionnels ont un type de personnalité perfectionniste et angoissé. Il leur faut souvent apprendre à lâcher prise à un moment du processus de la réalisation : « cela ira bien comme cela ».

LES VRAIS SECRETS DU LEADERSHIP

Engage-toi et désengage-toi

Tant de gens ne sont qu'à moitié présents quand ils sont au travail, et continuent à y penser durant le week-end et en congé.
La distance envers les choses et l'engagement entier de toi-même sont deux facultés nécessaires et complémentaires que tu dois savoir alterner à volonté, sur un claquement de doigts.

Ne perds pas ton temps :
regarde où tu vas

LES VRAIS SECRETS DU LEADERSHIP

Fais-les jouer à quelque chose

Les études sur le stress mettent en avant qu'un licenciement constitue un des évènements les plus stressants de la vie professionnelle. Tout de suite derrière se situe une promotion.

Le stress n'est pas lié à la nature de ce qui nous arrive, mais à notre sentiment d'impuissance. Dans les moments extrêmes, positifs et négatifs, de la vie professionnelle, il est important de développer un sentiment d'emprise sur les choses.

LES VRAIS SECRETS DU LEADERSHIP

Juste aujourd'hui :
ne t'inquiète pas,
ne te mets pas en colère,
exprime de la reconnaissance,
accomplis ton travail avec diligence,
sois bienveillant

Entretiens des attentes positives

Entretiens des attentes positives vis-à-vis des situations et des gens, c'est l'un des secrets du succès. La vie est une prédiction auto-réalisante : ce que tu en penses est toujours vérifié.

LES VRAIS SECRETS DU LEADERSHIP

Vas où est l'énergie

Parfois tu dois savoir t'autoriser les choses : le chemin qui a l'air le plus sûr n'est pas toujours le plus vivant. Quand tu hésites entre deux chemins, vas vers celui pour lequel tu ressens le plus d'énergie.

Associé du cabinet Krauthammer, **Philippe Bazin** accompagne les professionnels sur les thèmes du leadership et du business development.

Il est également l'auteur, chez InterEditions, de *Petit manuel de Self-Leadership*, ainsi qu'avec Jean Doridot, du best-seller *Petit manuel d'auto-coaching*.

Je remercie, outre les noms déjà cités, les personnes suivantes qui m'ont inspiré lors de la rédaction de ces « secrets » : François Ducasse et Makis Chamadis, auteurs du best-seller «Champions dans la tête » (page 9) ; les poissonniers du marché de Seattle via le livre « Fish » (page 21) ; John Grinder (citation page 85) ; Joël Guillon (page 93) ; Robert Dilts (page 131) ; le thérapeute japonais Mikao Usui (page 155).

901437 - (I) - (3) - OSB 90° - 3135 - CDD - CDD
Imprimerie CHIRAT - 42540 Saint-Just-la-Pendue
Dépôt légal : juin 2014 - N° 201404.0432

Imprimé en France